INTRODUZIONE

Vivo di Poesia, di Versi, di farfalle che nella mia testa disegnano immagini surreali … Mi sconvolge il Reale, le sue forme, i suoi menefreghismi, preferisco vivere di Magia, palesare un mondo diverso, rifugiarmi nell'antico e sospirare d'Amore ad ogni incontro con Anime sublimi che, come me, hanno vissuto nascoste, un po' per proteggere ciò che si ritiene ai più incomprensibile, un po' per la nobiltà di condividere l'incomprensibile solo con chi può veramente apprezzarlo.

Credevo che il mio mondo fosse solo dentro di me e ho palesato a pochi chi sono realmente … E intanto sognavo l'Amore, come tutte le bambine, come tutte le adolescenti e come tutte le donne … Ma era un pensiero vagheggiato, sognato, appunto, spesso e volentieri studiato, mai, ahimè, incontrato ... Fino alla vista e alla scoperta della sua Anima… L'ho vista da lontano, percepita dai suoi pensieri che prendevano forma attraverso parole profonde, che disegnavano un'Anima perfetta, opposta all'idea che me n'ero fatta … E mentre la leggevo e la sfogliavo con curiosità, il mio pensiero volava spesso da Lei che intanto si era distinta con voce sublime e con due occhi simili ai miei, luminosi e speranzosi. Un giorno d'estate vidi quegli occhi immergersi nei miei, le Anime fondersi, le parole mute erano concerti di note bellissime e profonde che potevano suonarsi solo con le corde dell'Amore e ascoltare solo con un unico cuore che scandisce uno stesso ritmo. Descrivere ciò che quegli sguardi hanno comunicato è realmente irreale… Io l'ho vissuto e da allora l' Amore vagheggiato, agognato, sognato, studiato è entrato prepotentemente nella mia vita … Già, prepotentemente, perché la sua Anima ha subito riconosciuto la sua gemella, un po' impaurita e per questo un po' abbagliata alla vista di cotanta determinazione e sicurezza d'amare.

La Poesia ha liberato la mia Anima da tante superstiziose e timorose catene, spezzate anche dal bagliore della Sua con gentilezza, bontà, generosità, con la forza di un Amore unico, vissuto anche attraverso le sue Parole … La Poesia ha fatto lo stesso con Emiliano che non ha paura di mostrarsi e di farsi leggere dentro perché per troppo tempo avido dello stesso Amore che anch'io agognavo, umile e mai troppo pretenzioso.

Il valore salvifico della Poesia, la bellissima Musa che ci ha fatti incontrare, panacea dei nostri mali, condanna e salvezza, speranza e gioia.

Mariella Greco.

Lei è un dono …

Lei è un dono

Lei è un dono

È l'essenza della mia vita

Sopra ogni sogno possibile

È il sorriso con cui sfido il mondo

È la pazienza e l'attesa mai prima conosciute

Lei è il profumo che raggiunge il mio cuore

È l'impazienza nella distanza

Regina incontrastata di tutti i miei desideri

La ragione e il sentimento

La follia e la complicità

Lei è tutto per me…

In un' unica parola Lei e' L' AMORE

Sono sulla strada

Che porta al mio sole

Seguo la rotta

Che indica il mio cuore

Il tempo e lo spazio

Non hanno valore

Un solo indizio

Un solo nome

È una vita che la cerco

Ho girato tutto il mondo

Perché l'amore va trovato

Ora sono vicino

Il mio cuore e' impazzito

Basta vederla

Per capire tutto quanto

Un abbraccio spontaneo

Ha fatto il resto

Baciarsi e' venuto naturale

Ed e' stato molto speciale

Ora solo lei nella mia mente

Ora adesso e per sempre.

Mai dimenticherò Te…

Potrò mai dimenticarmi di respirare ?

Potrò mai dimenticarmi di far battere il mio cuore ?

Tu sei in ogni respiro, in ogni battito

Potrò mai dimenticare il mio cuore ?

Potrò mai dimenticare la mia vita ?

Tu sei il mio cuore, sei la mia vita

Mai ti dimenticherò

Eterna presenza accanto a me

Amore eterno senza fine …

Come la vite di Archimede.

E scelgo ancora te
Quando guardo il cielo
Ringrazio il Signore
Per questo dono

E scelgo sempre te
Ogni mattina
Quando apro gli occhi
Ed entra la luce
Tu sei quella luce
Che mi illumina la mente
Mi innamoro di te
Ogni volta che sorridi

E scelgo ancora te
Quando cammino per il mondo
Quando il vuoto intorno
Mi fa capire quanto sei importante

E scelgo sempre te

Perché nessun' altra posso amare

Sei l'unica che possiede il mio cuore

Mi innamoro di te

Ogni volta che mi sorridi

E sono davanti a te

Perché ti voglio amare

Tu Mi conosci

Tu Sai chi sono

E sceglierò sempre te

Ogni volta che sorriderai

Ogni volta che riderai

Ogni volta che mi guarderai .

Se fossi solo un sogno

Non vorrei mai svegliarmi

Ma capirei perché sei così perfetta

Saresti il frutto della mia immaginazione

Il desiderio che prende il potere

Tutto quello che da sempre cerco

Ma poi capisco che sei vera

Perché, a volte, la realtà supera i sogni

E la vita che sognavo ad occhi aperti

Arrossisce davanti alla vita che tu mi fai vivere

Sei la fortuna che è girata

La grazia del Signore

Mio padre che mi ama

Sei il meglio che ho

Ti amo

E sempre ti amerò.

Vorrei rimanere in eterno
In quell'istante preciso
Quando, guardandoti negli occhi,
Ho visto le tue paure
Il tuo amore
La tua dolcezza
Ho visto la tenerezza
Ho sentito una morsa allo stomaco
Con i miei occhi ho preso un impegno con te
Ti sarò sempre vicino e ti proteggerò
Ti amerò sempre come meriti
Sarò la costante sorridente della tua vita
La gioia che ti riempie il cuore
Vorrei rimanere in eterno
con il mio cuore poggiato al tuo
Con le nostre anime fuse nel profondo
Vorrei sempre vedere il tuo splendido sorriso
Sarò per sempre il tuo amore, il tuo uomo.

Il respiro si regola con il cuore

Affannato a rincorrere una stella

Lucente, bella si mostra nel cielo

Tutto il firmamento rimane a guardarla

Il cuore batte veloce alla velocità della luce

Bagliore nella notte

Lampo nell'oscuro

La stella lo vede e si innamora

Ora brillano vicino

Disegnando traiettorie d'amore

Arcobaleni di gioia.

Lascerò che il tempo faccia il suo corso

Fermerò gli istanti tuoi

Per riviverli eternamente

Sia nel cuore che nella mente

Fermo immagine perenne

Il tuo sorriso sarà per sempre

E accompagnerà i miei momenti.

Il pensiero ti possiede o sei tu a possedere lui

Il cuore ti cerca e ti trova dentro lui

L’anima è fusa con la tua

Ogni tuo respiro è il mio

Gli occhi ti vedono, bella come sei,

Immagine fissa,

stampata nella memoria

Il tuo profumo torna prepotente

E tu sei qui

Presente, possente nel mio Essere.

Il mattino si svegliava lento

Un timido sole entrava tra le persiane accostate

Timido prometteva una giornata di luce

Ristoro per gli occhi e il cuore

Il freddo della notte

Ancora presente

Fa avvertire dei brividi sulla pelle

Mentre il pensiero di te

Fa venire i brividi al mio cuore.

Sono in viaggio sopra morbidi letti di ovatta

Il cuore si appoggia e ride

Felice di rivedere i tuoi occhi

Un mare bellissimo fa da cornice

Riempie di gioia il mio Essere

Impaziente di riabbracciare la sua anima

Sono in viaggio

E trovo il coraggio di scrivere

Descrivere sensazioni e stati

Descrivere l'amore

Descrivere Te.

Il nostro amore

E' sbocciato all'improvviso
L'ho visto sul tuo viso
Quel dolce sorriso
Che sempre mi doni
Il nostro amore
L'abbiamo scoperto nei nostri occhi
Dove ci siamo persi e ritrovati
Dove ci siamo riconosciuti
Il nostro amore e' potente
E’ forte
E’ grande
E’ come la forza delle onde
O quella di uno scoglio
E' come il vento
Che tutto cambia in un secondo
E incontrare te ha cambiato il mio mondo

Il nostro amore sarà per sempre

Perché è da sempre che ci cerchiamo

E ora che ci siamo trovati

Niente potrà dividere il nostro amore.

Nel mio cuore avevo già l'amore per te

La luce che vedi nei miei occhi

Sei tu amore mio

Ti amo da sempre e per sempre ti amerò

La tua voce fa vibrare la mia anima

Sei l'unica che mi vede e che posso amare

Sei la forza di affrontare il mondo

Il sorriso con cui sfido il mondo

Sei l'unica al mondo

La più bella del mondo

Sei per me tutto il mio mondo.

Nel buio vedo i tuoi occhi

Illuminano la mia anima

Le lacrime che scendono

Sono gocce del nostro amore

Ti respiro e ti vivo con tutto il mio essere

Mi riempi d'amore e d'amore ti riempio

Siamo unione perfetta

Perfezione unica

Siamo noi due

Un unico cuore

L' uno nell'altra.

Il sole splende sul mio viso

In questo giorno nero di pioggia

L'amore fa miracoli

Come la luna illuminata di luce riflessa

Tu, amore, illumini il mio cuore

Sei tu il mio sole

Ti appartengo come le stelle al cielo

Come le onde al mare

Sei la mia casa e il mio rifugio

Solo tu mi fai sentire un uomo

Mi insegni ogni giorno l'amore

Sei la mia vita e mi prenderò sempre cura di te.

Uso le parole per esprimere quel che provo

Esercizio dialettico per sopperire la distanza …

Tu sei dentro di me

Radicata in ogni centimetro del mio Essere …

Tu sarai dentro di me per sempre.

Cammino, mangio, parlo

Anche lontano da te

Ma è una vita a metà

Perché manchi te

Mi sento completo solo quando,

finalmente,

rivedrò i tuoi occhi

Quando mi innamorerò,

nuovamente,

del tuo sorriso

Quando poserò,

ancora,

le mie labbra sulle tue.

Ti respiro e ti sento,

lontani con il corpo,

vicini con il cuore e la mente,

fusi nell'anima ,

io parte di te

tu parte di me .

Sono appeso alle tue labbra,

sospeso nel nulla della distanza,

attratto come una calamita a te

con lo spazio che mi respinge…

Muoio in un secondo e rinasco in un momento.

Sono in viaggio tra il grigio della nebbia,

una palla di fuoco appare improvvisa

indicandomi la via…

La seguo per arrivare, finalmente, al mio sole.

Non passano i giorni lontano da te

con la consapevolezza che devono passare

Non passano le ore che restano per rivedere i tuoi occhi

Non passano i minuti che rimangono

con il cuore in gola per l'emozione.

Nel passaggio tra vecchio e nuovo

Tra passato e futuro

Il ricordo più sicuro

E’ il tuo sorriso da bambina

Mi ha riempito gli occhi e l'anima

Nel passaggio da un anno all'altro

In un bacio a cavallo

Rivedo sempre i tuoi occhi

Che sono fari nella notte

Felici come non mai

Riescono a riempirmi la vita

Un istante indelebile di noi.

Notte di stelle cadenti

In questa notte magica
Mi svegli con i tuoi baci
Il cielo è pieno di stelle
Che brillano come i tuoi occhi.
Le osserviamo con facce sognanti
Loro osservano noi che ci amiamo
Il tuo cuore disegna traiettorie di
Stelle cadenti e io ho un solo desiderio
Amarti per sempre.
Questa notte magica di San Lorenzo
Mi apre gli occhi sul nostro
Grande Amore
E ci regala emozioni mai vissute prima …
Amo per la prima volta in vita mia.
Amo te.

Ho visto nel buio i tuoi occhi

Luminosi, sorridenti
Mi ci perdo, sentendomi al sicuro

Ho visto tanta luce entrarmi nel cuore
E' la scia che lascia il tuo amore
E' il calore che trasmetti amandomi

Ho visto noi due tra tanti anni
Sorridenti, felici, insieme
Una coppia perfetta, unita dall'amore…

Ho visto dentro le parole,
tutto l'amore che provo
Esercizio per esprimere questo sentimento

Sei e sarai per sempre il mio amore

Il cuore ti cerca e chiede agli occhi,

loro non vedendoti chiedono alle mani,

loro non trovandoti chiedono al naso,

lui sente un impercettibile profumo di te,

che innesca ricordi…

E ora gli occhi sono pieni di te,

mentre il cuore batte sempre all'impazzata

perché pazzo di te.

Le braccia avvertono il vuoto,

orfane del tuo corpo…

Gli occhi, privi di luce,

lontani dal tuo sorriso…

Ma c’è il cuore che regola tutto con l'amore,

che sente l'amore che dà.

Ci sono notti che promettono

Con le stelle che brillano

La luna ruffiana che illumina gli occhi

Ci sei tu all'improvviso

Ci sei ora in tutti i pensieri

Con i tuoi occhi buoni

La voce sensuale

La pelle profumata

Finalmente ti ho trovata

La vita a volte

Ci mette tanto

Ma poi se aspetti

Tanto ti dà

Sei bella, come non riesco a dire

Sei come il sole all'imbrunire

Quando illumina il cielo di rosso…

La mente viaggia veloce,

ti cerca in un ricordo,

ti trova dentro un profumo,

ti respiro come fosse l'ultimo sospiro al mondo,

la fine della mia esistenza,

perché ora sono parte di te .

Amami sono il mattino che aspetta il sole

Amami come la notte ama le stelle

Sono un granello di sabbia investito da un ' onda

Amami come il vento che accarezza un campo di grano
Tempesta del mio cuore

Amami come l'acqua che scende dalle montagne

Come i giorni di sole amano il mare

Amami.

La sentivo come non mai
Sentivo il suo respiro
I suoi pensieri e le sue paure
Sentivo i suoi sospiri
Sentivo le sue parole toccarmi l'anima
Sentivo la sua voglia di me
La sentivo talmente tanto da stare in tutti i pensieri
La sentivo a distanza
La sentivo vicina
Sentivo in me qualcosa di grande, d'importante
La sento ancora .

E’ dolce l'attesa dei tuoi occhi
con la speranza di veder la luce
con il desiderio di scoprir l'amore
con la voglia quella vera
di sentire la tua voce
di vederti ridere
di annusare il tuo profumo

E’ dolce l'attesa di te.

Gli occhi non mentono

Parlami,
con i tuoi occhi
Guardami
mentre mi parli
Gli occhi non mentono mai
Sono lo specchio dell'anima, sai
Guardami,
guarda i miei occhi
Ascoltali,
hanno tanto da dirti.
Le parole a volte non servono
Volano leggere come il vento
Gli occhi non mentono
Lo sanno tutti
Basta guardarli
Con gli occhi giusti
Parlami,
i tuoi occhi lo vogliono
Parlami,
i miei occhi lo chiedono

E ascolta il tuo cuore

Di certo non mente

Quando ti guardo io vedo il sole

Quando ti sento io tocco il cielo

Ascolta il tuo cuore

Di certo non mente.

Nel buio della notte le tue parole prendon forma
Sospese nella stanza
Diventano sempre più chiare
Illuminate come il Natale
Fanno luccicare gli occhi.
Sono parole sincere
Parole vere
Parole che si dicono solo una volta in tutta la vita
Solo a una persona per tutta la vita

Io mi fido di te
Mi fido di noi
Mi fido di quello che sento fin dal primo momento
Mi fido dei tuoi occhi come dei miei

Le mie parole sono uguali alle tue
Sono scolpite sul mio cuore
Questo significa AMORE.

Ci sono incontri che cambiano la vita
Non importa come ci si incontra

Ma quello che succede subito dopo
Ci si riconosce in mezzo a tanta gente
Ci si trova ed è un miracolo
La vita da quel momento non è più la stessa
Un' intimità sorpresa ma naturale
Una voglia di stare insieme che viene dal profondo, da lontano
Un pensiero fisso

E la consapevolezza che sia quella giusta
Ci sono incontri nella vita che cambiano tutto
Il modo di porsi e di vedere il mondo
I pensieri svaniscono e la speranza prende spazio
Il cuore batte come non mai e ti rendi conto che non puoi tornare più indietro …
Puoi solo amare.

Sono il vento che ti sorprende improvviso

Ti accarezza il viso e ti prende per mano

Ti avvolge abbracciandoti

Per poi darti un bacio

Quel soffio leggero che senti sulle labbra

Sono tra le parole di un libro

Dove un poeta compiacente

Ti fa trovare i miei pensieri

Sono la carta su cui leggi

Che altro non chiede di essere sfogliata

Sono tra le note di una canzone

Che sembra creata per te

Mi senti nel refrain

Mi senti nelle parole, sono una sensazione

Frutto di pensieri

Di menti in contatto

Di anime che si sentono che

Vibrano al suono della voce.

La ragione non vuole saperne
Di darla vinta al cuore
Ma i tuoi occhi sono magici e
Il pensiero vola libero nel cielo
Disegna traiettorie di gioia
Inventa nuovi orizzonti
Ma la ragione blocca il volo
Come i tuoi occhi bloccano il mio cuore
Smetto di respirare
E sento l'eco dentro il mio petto
Mi fermo a pensare un momento
Voglio te senza ombra di dubbio
Ho un cuore grande che farà funzionare tutto
Prendi la mia mano
E non lasciarla per niente al mondo
Ti guiderò in questo girotondo.

Vorrei essere un filo d'erba
volare leggero
sopra campi dorati di spighe al vento
sopra l'azzurro incantato del mare
sopra le risate dei bimbi al parco
sopra i miei sogni
per poi posarmi
delicato
sui tuoi capelli
rimanere lì tutto il tempo
solo per sentire il tuo profumo.

La luna stanotte
sembrava una perla
Sospesa nella aria
Brillava fiera
Illuminava la piazza
Di luce riflessa
Donando speranza
Ad un cuore sincero
La luna stanotte
Mi ha preso per mano
Mi ha fatto viaggiare
Arrivare lontano
Illuminandomi la via
Portandomi sull'uscio
Di casa tua.

In un momento.

In un momento
finisce il vento
I miei capelli
prendono forme strane
I miei occhi

riprendono a vedere
In un momento
ritorna tutto uguale
Ma preferisco
il vento in faccia
i capelli al vento
e gli occhi socchiusi
In quel momento
riesco a sognare
un mondo diverso
Riesco a vedere
cose lontane
In un momento
ritorna il vento
e le foglie si alzano

e formano un balletto
In un momento
tutto diventa reale…

Solo chi sogna
capisce davvero il mondo
In un momento
In un secondo.

Fermo è il vento
Fermi i miei pensieri
Da lontano odore di pioggia

Si alzano le foglie
Si mischiano i miei ricci
I pensieri riprendono a girare

Ora il vento è forte
Con prepotenza
Spazza via le nuvole e i pensieri

Il sole riprende a scaldare
Gli occhi si illuminano
Di luce nuova.

Lieve il respiro
Su letti di piume
Solare come il giorno

Forte il sospiro
Su letti di abitudini
Affamato come la notte.

Fresca brezza mattutina
Battezza i miei pensieri
Di gioia e di vita

Come il mare impetuoso
Risveglia i miei sensi
Affina i miei mezzi

Come il sole d'estate
Riscalda questo cuore
Riscalda queste ossa.

L'amore non si può scegliere o negare,

né implorare,

neanche mendicare

L'amore può essere improvviso

come un pugno sul viso
Può essere nascosto agli occhi del mondo

L'amore non è una scelta e neanche convenienza

L'amore non è una scienza esatta

L'amore deve essere libero di esprimersi

L'amore e' vita.

Per Valerio.

Ho tanti sogni da regalarti
Ma avrai i sogni tuoi
Avrai passioni sconosciute
Che saranno le tue preferite
Hai già attitudini che conosco
E mi rendi così felice
Vorrei esserti vicino
In ogni scelta che farai
Negli sbagli che ci saranno
Ti starò sempre accanto, sorridendo
Quando sarai un uomo
Sarò tanto orgoglioso
Come lo sono adesso
Perché tu sei uno spettacolo
Ti vedo crescere e mi sento importante
Perché ti guido con amore

Nei passi che tu fai

Sei la dolcezza

La ragione

Sei il cuore che si gonfia

Sei i miei giorni

Le mie gioie

Il sorriso che io ho

Sei nei pensieri tutto il giorno

Sei l'amore più profondo

Sei un cucciolo di uomo

Sei la parte migliore di me.

E' nel viaggio che faccio
Allontanandomi da te
Che mi assale la malinconia
Il dolore di cose passate
Di cose non avvenute .
È vero
Sono duro
Sono forte
Ma altrettanto fragile
Riesco a mascherare al cuore
Tutto questo dolore
Ma quando mi allontano da te
Sono più debole
E tutto riemerge
Le lacrime a stento riesco a fermare.
È un viaggio fisico e mentale
Guido e penso
Scrivo e guido
Ma poi ricordo il tuo sorriso felice
A quando mi abbracci con amore
E il mio pianto e' misto alla felicità
Sei il mio amore, il mio cuore, il mio super eroe.

Cuore e anima

Scende la pioggia che sembra un tamburo
Difficile adesso vedere il futuro
L’ unica certezza sei te, sei il mio porto sicuro

Guardo avanti e vedo un muro
Faccio fatica a sentirmi al sicuro
Ma per fortuna ci se tu, il solo e l'unico

Ti prendo in braccio e trovo il coraggio di ridere
Mi basta guardarti per sentirmi meglio
Sei il raggio di sole che mi scalda il cuore

Scende la pioggia e sbatte sul vetro
Tu dormi e sembri un angelo
Io che penso a cosa scriverti

Guardo il tuo viso così dolce
Un morso allo stomaco mi prende

Sento l'amore quello grande

Ti prometto che ci sarò sempre

Che a scuola ti verrò a prendere

La domanda è sempre la stessa..." vieni alle due ?"

La risposta sorridendo “Sì, tranquillo, certo che vengo"

Con te tutto ha un senso

Sei il mio cucciolo, il mio eroe.

Ti voglio bene papà

Ti cercherò nei miei sogni

eppure lo so che tu non ci sei

Ti cercherò nei miei occhi

ed è lo stesso colore, sai

Ti cercherò in un sorriso

che è da sempre sul mio viso

Ti cercherò non trovandoti

ma rimarrai sempre dentro di me

Ti cercherò nei miei ricordi,

il tuo profumo è presente lo sai

Ti cercherò sempre e comunque

vicino a me sempre sarai

Ti troverò nel mio specchio

nelle espressioni che mio figlio farà

Ti troverò nei miei capelli

nell'argento che spunta di già

Ti troverò in pochi gesti,

nei sorrisi che Stefania mi dà

Ti troverò in un momento,

nelle parole che Tiziano dirà

Ti troverò quando sorrido

in quell'istante in cui Roberto è come te

Ti troverò inaspettato

quando Francesco cammina e sembra te

Ti troverò dentro il mio cuore

in quel vuoto che hai lasciato, lo sai

ci manchi e ci mancherai.

Ti voglio bene papà.

Il pensiero di te

Il pensiero vola alto

Sopra i miei problemi

Ti vedo sempre uguale

Con i miei occhi da bambino

Come quando tornavi d'improvviso

E spontaneo usciva un sorriso sul mio viso

Ricordarmi di te ti tiene vicino

Ti vedo reale

Con il sorriso sornione

Gli occhiali ingombranti

Mi prendevi in braccio e

Mi sentivo al sicuro

Mi sentivo importante.

La tua barba ruvida mi lasciava segni sul viso

Come succede oggi

Quando bacio il mio bambino

Il ricordo di te vola alto

Sopra a tutto

E mi rende felice, nonostante la tristezza.

Ti vedo ancora con i miei occhi da bambino

Con la camicia gialla e i riccioli d'argento

Ti aspetto ancora come tutti i giorni

Della mia infanzia

Della mia adolescenza…

Per un attimo sono lì che ti aspetto

Poi riprendo contatto con il tempo

E il ricordo di te

Riempie per un secondo

Lo spazio vuoto dentro me.

Pensiero fisso

Il mio pensiero ti cerca
Negli spazi remoti della memoria
Cerco di vedere i tuoi capelli
Anche solo per un istante
Cerco di ricordare il tuo profumo
Che era per me rassicurante
La mia mente t'immagina
Anche solo per un secondo
Cerco di ricordare i tuoi occhi
Che erano verdi come i miei
Spero di sentire il tuo calore
Che sentivo quando mi abbracciavi
Nel mio cuore ci sarai sempre
Sarai sempre dentro di me
Nelle azioni che verranno
Nelle scelte che farò
Il tuo ricordo mi aiuterà
Vorrei essere come te
Vorrei assomigliarti sempre di più.

Ho capito che la vita va vissuta e non capita
che il momento devi prenderlo di petto
che la rabbia poi finisce
che l'amore poi rinasce
ho capito che la gioia dura solo per chi ha voglia
che il dolore poi passa
che l'umore poi guarisce
devi ridere alla vita anche quando gioca duro
devi ridere di gusto nonostante tutto questo.

Pensiero veloce

Ci sono dei momenti
In cui non penso a niente
Rimango bloccato
Come incastrato
Riesco a liberarmi
Soltanto con la mente
Che pensa velocemente
E lascia dietro di sé
Momenti di lucidità
La visone che si ha
E' diversa dalla realtà
Mi vengono in mente
Frasi e rime
E le scrivo senza pensare
Sognare è sempre possibile
E a volte è l'unica maniera

Per affrontare la vita difficile

Per dar un calcio alla gente inutile.

Questa parte di me

Chiede sempre di uscire

Ma la ragione

Riesce a fermarla

A volte

Non penso più a niente

Rimango bloccato

E libero di scrivere …

Scrivo per me

E serve per aprirmi.

INDICE

www.ingramcontent.com/pod-product-compliance
Ingram Content Group UK Ltd.
Pitfield, Milton Keynes, MK11 3LW, UK
UKHW041918190726
13854UKWH00003B/1302